꽃들의 함성

창작동네 시인선 194

꽃들의 함성

초판인쇄 | 2025년 04월 10일
지 은 이 | 김인녀
편 집 장 | 정설연
펴 낸 이 | 윤기영
펴 낸 곳 | 도서출판 노트북 등록 | 제305-2012-000048호
주　　소 | 서울시 동대문구 사가정로 256-4 나동 101호
전　　화 | 070-8887-8233 **팩스** | 02-844-5756
H　　P | 010-8263-8233
이 메 일 | hdpoem55@hanmail.net
판　　형 | 신한국판형 130-210/ P128

ISBN 979-11-88856-97-8-03810
정 가 10,000원

2025년 4월_꽃들의 함성 김인녀 제8시집

한국시 현대시

*잘못된 책은 교환해 드립니다.
*저자와의 협의로 인지는 생략합니다.

꽃들의 함성

대표곡_QR 핸드폰으로 감상하기

창작동네

목 차

1부. 꽃들의 함성

010...꽃들의 함성
012...고독의 꽃
013...교정에 핀 백목련
014...꽃소식
015...꽃이 말을 건다
016...동백꽃
017...떨어진 꽃잎
018...매화
019...봄 가시내
020...봄볕이여
021...봄비
022...봄소식 님소식
023...봄의 유희
024...봄의 입김
025...봄의 정원
026...아침 꽃 인사
027...오월에 취해서
028...오월의 노래
029...장미와 민들레
030...정의의 꽃
031...찔레꽃은 없다

2부. 강변의 노래

034...감나무 노래
035...가시고기 사랑
036...강변의 노래
038...고독 그대 있음에

039...고독의 나그네
040...구름이여
041...그대 눈동자
042...그대의 선물
043...그대 향한 마음
044...그대가 잊고 떠나 가도
045...그대와 함께
046...그리움 튀기다
047...그리움의 샘
048...기운이 솟는 날
049...꿈에 산다
050...기적의 참삶
052...나 여기 있어요
053...너 뿐이야
054...눈물의 점심
055...달무리
056...달빛은 흐르는데
057...동조
058...달빛 젖은 밤
060...마음
061...망상
062...사람의 향기
063...사랑은 빛난다
064...인생의 건널목
065...상흔
066...소망의 날개
067...슬픈 엄마 효녀 엄마
068...아직도 나는
069...어떤 편지
070...이방인
071...이별하며 산다

목 차

3부. 모진 바람

074...나를 슬프게 하는 것
075...내면의 나를 만나다
076...내 어머니의 하루
077...망중한의 황혼
078...매화꽃피는 눈밭에서
079...모든게 한 순간이더라
080...모래알 세상
081...모진 바람
082...몰인정
083...백수련
084...별이 된 그대
085...살아있음을 노래하다
086...석양에 꾸는 꿈
087...설익은 약속
088...세월의 수레바퀴
089...여로
090...외론 섬
091...의지
092...기우는 석양
093...장한 나의 다리여
094...봄은 내 가슴에
095...진실한 사랑을
096...질긴 애정이어라
097...첫사랑의 입맞춤
098...추리 점등의 찬가
099...추억의 꽃밭
100...푸른 하늘
101...하늘에 기대 산다

102...햇살에 빛나는 냇물
103...행복한 삶
104...향기로운 봄봄봄
105...향기로운 사람
106...소리
107...황혼의 애가
108...희망
109...희망의 빛

4부. 가을 문턱에 서서

112...가을 문턱에 서서
113...가을 화원의 꽃
114...가을은 저무는가
115...가을의 숨결
116...낙엽 쌓인 능선에 누워
117...뭉그러진 칼날
118...비감
119...설레게 하는 그대
120...세월아
121...아 가을이다
122...까치가 운다
123...까치의 노래
124...초겨울에 떠난 사랑
125...겨울 달
126...겨울비
127...겨울산은 꿈꾼다

1부. 꽃들의 함성

햇살 가득한 베란다에서도
겨울을 이겼노라 조용한 속삭임
꽃대가 말없이 쏙 자태를 뽐내며
승리의 찬가를 부른다

                꽃들의 함성 중

꽃들의 함성

작사 김인녀

쓸쓸한 산등성이 넘어
환희의 소리 들린다
모질고 잔혹한 얼음 추위와 싸워
꽃들은 승리했노라고

오솔길 따라 푸르고 푸른
들풀이 고개를 들고
각가지 작은 꽃들이 저마다
향기로운 승리를 축하
활짝 웃으며 재잘댄다

햇살 가득한 베란다에서도
겨울을 이겼노라 조용한 속삭임
꽃대가 말없이 쏙 자태를 뽐내며
승리의 찬가를 부른다

봄은 겨울을 물리치고
봄빛은 어둠을 삼키고
선은 악을 이기듯이
동토를 뚫고 꿈을 이룬 꽃이 활짝 아름답게
향기롭게 이겼노라 외친다

나도 덩달아 꽃인양 내맘이
꽃춤에 꽃 노래 부른다

후렴
봄은 겨울을 물리치고
봄빛은 어둠을 삼키고
선은 악을 이기듯이
동토를 뚫고 꿈을 이룬 꽃이 활짝 아름답게
향기롭게 이겼노라 외친다

나도 덩달아 꽃인양 내맘이
꽃춤에 꽃 노래 부른다

김인녀

고독의 꽃

고독은
눈 시린 꽃 무리에서
출렁이는 강물 소리에서
새들의 울음소리에서
산울림의 메아리에서
아가의 옹알이에서
지인의 음성에서
자녀들의 언어에서
우아한 침묵의 수채화를 그린다

고독은
군중 속의 홀로이고
태풍 속의 고요이고
사랑 속에 증오이고
영화 중에 불운이고
무언중에 외침이고
외로움의 판토마임이고
하나뿐인 별 고독을 씹지만
책 속의 친구로
고독의 꽃이 웃음 짓는다

교정에 핀 백목련

하얀 바람 타고 오시는 님아
추운 겨울의 험한 능선을 넘고서
찬란한 햇살 안고 곱게 눈부시다

거친 소음 속에도 맑고 환한 그대
풍진에 찌든 세상사에 지치고
아픈 지난 기억들이 흔들린다

너희들의 삶도
그대처럼 우아하게 꽃피리라
꿈을 주는 무언의 외침에
가슴이 뭉클하고 눈을 번쩍 뜬다

마음의 밭에
희망의 씨앗을 뿌려라
사랑의 꽃씨를 심어라
환희의 불씨를 지펴라

김인녀

꽃소식

어제 비가 온 뒤라
아침이 상큼 신선하고
하늘은 청청 푸르고 화창하다

구례에 벌써 벚꽃이 활짝 피고
상춘객들이 붐빈다는 전갈이다

코로나로 고통받는 칩거로
꽃구경 갔었던지도
벌써 몇 년이 지나 지나갔나

전염병이 설치고
고통이 난무해도 꽃은 철 따라 벙글고
봄은 향기롭게 번진다

근심 걱정 없는 봄
세월 따라 꽃피듯이 님의 얼굴이
봄과 같이 내 가슴에 꽃으로 안긴다

꽃이 말을 건다

베란다 화분의 꽃들이
비바람에 창문 울어대던 간밤에
잠을 설치지 않았나 근심 어린 눈빛으로
아침 인사를 한다

어지럽던 밤이었지만 젊었을 적
꽃길 따라 행복했던 꿈 꾸셨냐고
붉은 입술 나풀나풀
살포시 한 미소로 속삭인다

침울한 날에는 위로라도 하려는
몸짓인 양 치마폭 살랑이며
초록 잎들 한들한들 애교를 날린다

아플 때는 은은한 향기로
이마를 어루만지고 감싸 안으며
건강을 빌듯 읊조리는 기도가 숙연하다

내가 준 것은 물밖에 없는데
기쁨 뿜뿜 웃음 주고 살갑게 말을 걸며
푸른 입 맞추는 꽃들의 웅성임이
나의 힘이다

김인녀

동백꽃

님을 향한 뜨거운 그리움이 핏빛
멍이 되어 하염없이 눈물짓네

어름같이 억세고 모진 바닷바람
님 그리는 열정으로 견디었네

태양보다 뜨겁게 타오르는 연정
님이 오면 펴 보일 붉은 내 사랑

님이 남기고 간 진홍빛 사랑 안고
석양빛에 젖어 선홍빛 그리움이네

떨어진 꽃잎

풍성하고 향기롭던 난꽃이
바람도 없는 한적한 거실에서
속절없이 떨어지니 서글픔이 밀려온다

한잎 두잎 모은 것이 한 바구니
빛을 잃고 초췌한 얼굴이
내 모습 같아 안쓰럽고 가여워
가슴이 저민다

어깨에 힘주고 하늘을 날듯
곱고 혈기가 넘치던 젊은 날이
저만치 가버린 세월 말라
바스락 부서질 것 같은 떨어진 꽃잎이다

계절이 오면 꽃은 피어
향기를 또 품겠지만
편도뿐인 나의 여정은
모두 부질없고 가슴에 흐르는
시린 강물이 흐느낀다

김인녀

매화

아직 칼바람 꼬리가 저만치 서서
마른 가지를 희롱하고
차가운 미소가 흐른다

하얀 눈 사이로 핑크빛 얼굴이
사랑을 머금고 쏙 고개 들고
실눈으로 먼 산을 본다

금빛 햇살이 반갑다고 입 맞추니
눈빛이 빛나고 양 볼이 발그레
봄 물이 들고 환희에 젖는다

움츠려 있던 봄이
손 흔들며 가녀리게 웃음 지며
내 가슴에 살포시 안겨 온다

봄 가시내

봄 가시내 가슴에 연정의 단내가
강물처럼 출렁출렁 출렁이고
봄 내음에 취한다

화사하고 기품있는 머리에는
꽃 화관을 쓰고 애교 품은 콧노래
그리움의 옹달샘이 용솟음친다

만개한 벚꽃 아래 날리는 꽃잎
한 아름 안고 교태 흘리는 가시내들
웃음소리 사랑을 부른다

비치는 쉬폰 원피스 뽀얀 속살
흥에 들뜬 봄바람에 입 맞추고
가시내 맑은 얼이 방긋 웃는다

봄 향기에 뒤숭숭한 동네 총각들
문을 박차고 바람난 가시내들
봄빛 연분홍 사연이 무성하다

김인녀

봄볕이여

바람 속에 숨겨진 차가움을 넘어서
입춘 지나니 볕에 언 뺨이 따습다

햇님은 한 아름 햇살을 살살 풀어
깊은 잠에 빠진 초목들을 흔든다

말라 죽은듯한 가지들이 기지개
비몽사몽 봄인가 옹알이를 한다

새색시같이 수줍은 봄볕에
앙상한 마음 밭은 숨 틔울 푸른 파도가 인다

봄비

밤새껏 소리 없이 비가 내려
살금살금 움츠린 봄을 적신다
죽은 듯이 목마른 검은 나뭇가지에
새싹 입술 촉촉 연둣빛 칠한다
길가에 즐비한 가로수와 화초들도
가슴을 열고 초록 노래 힘껏 부른다
구름처럼 하얗게 두둥실 떠 있던
벚꽃들이 초록 함성에 춤을 춘다
그대는 희망의 전령사 온 누리에
생명의 파도 맘껏 푸른 물결친다
세월에 주눅 든 내 다리도 물기가 돌아
아름다운 발자국 그리리라
봄비 날 불러 추억을 소환하며
메마른 내 맘 촉촉이 적신다

김인녀

봄소식 님소식

추위에 움츠려 날마다 무료히
햇볕에 젖은 마음을 너는
아침 까치 두 마리가 연신 울어댄다

무심한 겨울인듯하나 군자란
꽃대의 뽀얀 얼굴을 긴긴 잎 사이에
숨겨놓은 봄 부서질세라

조심스레 다가가 숨소리도 죽이고
떨리게 피어날 향기로운 봄의
아름다운 꽃소식은 가슴이 설렌다

멀리 그대가 온다는 님 소식에
몽환의 꿈을 꾸듯 새로운 소망과
님 생각에 뜨거운 열망이 일렁인다

봄의 유희

흰 눈의 순수한 향연은
속절없이 지나갔다고 아쉬워 말아요
찬란한 봄이 꽃단장하고 와요
창 넘어 밀려오는 초록의 물결
속에 흰 포말을 날리며
그대 나에게 새 생명의 손짓을 해요
멀리 피어오르는 안개 넘어
희미하게 비쳐오는 햇살 같은
그대 미소 환하고 가쁜 숨결이
나를 따스하게 감싸 안네요
길고 넓게 이어지는 꽃밭에는
꽃보다 고운 모습이 나에게
손짓하며 꽃 이랑을 넘어
향기 날리며 나를 향해 달려와요
눈 속의 매화 눈물 어린 모습에 반하고
철쭉으로 바라본 온 산이 활활 타는데
만발한 벚꽃 무리 그대 품속인 양
푸근하고 밝게 내 앞을 밝혀주는 그대는
나의 등불이고 희망의 샘이며
그대 유희의 향기에 몽롱하게 흠뻑 취한다오

김인녀

봄의 입김

얼어붙었던 대지가 따뜻한
봄 숨결에 연둣빛 새싹 뾰족한
입술을 내밀고 봄빛을 포옹한다

산등성이의 복사꽃의 수줍은
분홍빛 교태 소곤소곤 밀어에
언 가슴이 잔잔히 일렁인다

냇물이 봄이라고 재잘대고
꾀꼬리의 청아한 사랑 노래에
긴긴 잠에서 산골짝이 눈을 뜬다

집콕으로 무뎌진 내 가슴 밭에도
따스한 햇살 살가운 향기 품고
사랑 꽃 한그루 봄이 피어난다

봄의 정원

남녘 따순 바람이 마른 가지를
희롱하니 초록 새싹들이 뾰족
뾰족 생명이 다투어 움튼다

꽃나무 아래 여인들이 꽃을 따고
머리에 꽃을 꽂고 이고
꽃향기에 취해 치맛자락 살랑인다

참새는 짹짹 비둘기는 구구
종달새 하늘 높이 날고
실개천이 졸졸 봄 꿈에 젖는다

꽃 피고 새 울면 봄빛 무르익듯이
정원에 선남선녀 뜨거운 눈빛
사랑의 꽃이 화사하게 피어오른다

김인녀

아침 꽃 인사

베란다에
활짝
핀
제라늄
아침마다
인사한다

나처럼
붉고
싱싱하고
아름답고
오래오래
피라고

오월에 취해서

오월이 눈부시다는 소식에
간밤에 잠을 설친 산 그림자
하늘 구름다리 지나 마을에 내려와
초록 물결에 빠졌네

겨우내 병치레로 앙상한 내 마음
꽃향기에 취하고 초록 물결에 헹구어
종달새 노래에 걸어 놓으니
새처럼 깃털처럼 나르네

김인녀

오월의 노래

다 풀린 듯 스며들던 한기가
슬그머니 꼬리를 감추고
푸른 초록의 바다에
기지개로 심호흡한다

메말라 앙상하게 마음 애이던
나뭇가지마다 풍성하게 살찐
햇살에 반짝반짝 눈부시다

겨울잠에서 취했던 산골짝에는
낙엽 아래 냇물의 콧노래가 정겹고
빨강 노랑 봄꽃들 유희가 화사하다

초봄 꽃샘바람에 휘청이던
가슴기슭에 초록의 물빛으로
사랑 꽃이 활짝 향기롭고
푸른 희망이 약동한다

그대 손 잡고 초록의 광야에
초록의 향기 마시며 초록의 오솔길에
풀꽃들의 초록 노래 들으며
초록의 사랑에 빠진다

장미와 민들레

장미원에 봄 햇살이 황금화실을
날리니 빨강꽃 노란꽃 흰장미
자태가 우아하고 향기롭고 눈부시게 아름답다

화원 돌이 담 밑 민들레가 땅에
후줄근히 엎드려 수줍지만, 당당히 벙글어
노란 입술이 하얀 꽃씨 되어 훨훨 나르니 용하다

국회의원 딸 부잣집 친구
수리조합장 딸 반달 같은 친구
모두 금수저 친구 틈 사이에서
나는 장미원의 초라한 민들레다

피난민 수용소 문 없는 이 층에
구호물자에 의지해 살아가며
장학금으로 중고등학교를
장학금과 가정교사로 대학을
민들레는 힘겹고 숨 가쁘다

김인녀

정의의 꽃

정의의 꽃은 바람에 휘지 않는다
정의의 꽃은 비에 젖지 않는다
정의의 꽃은 마르지 않는다
정의의 꽃은 떨어지지 않는다
정의의 꽃은 들꽃처럼 피어난다
정의의 꽃은 향기롭다
정의의 꽃은 끈질기다
정의의 꽃은 영원하다

정의의 꽃이 피는 사회가
참 민주주의 어깨 바로 펴는
살기 좋은 유토피아다

찔레꽃은 없다

찔레꽃 노래가 슬퍼서
내가 울운 것은 아니다
피난 학창시절
점심은 거의 굶는다
어느 오후 시험 시간
허기에 졸도하니
하늘이 노랗게 무너진다
여기저기 둘러 봐도
찔레꽃은 없다
그 시절 없는 것뿐
먹을 것은 더 없다
내가 너무 불쌍해서
나는 절망에 운다

김인녀

2부. 강변의 노래

홀로인 흰 물새 한 마리
흰빛이 하얗게 새롭고
물에 비친 자기 그림자에 취해
행복이 미소짓는다

      강변의 노래 중

감나무 노래

오래전 단독주택에 살던 때
큰 마당 한켠에 서 있던 감나무
지친 세월에 가슴 자리 잡고 있는 감나무

한여름 살갗을 태울 듯
숨 막히는 뙤약볕에 지친 심신에
상큼 시원한 푸른 잎 그늘로 달래 주고
어루만져 주곤 하였지

늦가을이면 수줍은 붉은 빛
홍시가 침울한 마음을 붉게 물들이고
어두운 밤길을 환히
밝혀주는 등불이었지

한겨울에는 배고파 우는 까치들
밥의 기쁨이 되는 훈훈한 정으로
뭉쳐진 따뜻해진 가슴
그것은 모두 사랑의 꽃이었지

가시고기 사랑

가시고기의 일생은 눈물겨운
험난한 가시밭길이지만 알들의
앞날을 위해 아낌없이 마지막
살점까지 생명 다하도록 내어준다

엄마 가시고기는 알을 안전하게
낳을 곳 찾아 기진하여 산란하고
아빠 가시고기는 지느러미 쉼 없고
적들을 지켜 부화에 일생 다한다

가시고기 일생은 삶의 본을 보여주는 듯
가슴을 흔들어 놓는다
부모는 부모의 길을 생각게 하고
자녀에게는 나름의 깊은 울림이다

김인녀

강변의 노래

초여름의 태양이
황금가루를 뿌리고
실버들 흔들리는 냇물 속에
송사리떼 초록 물결친다

홀로인 흰 물새 한 마리
흰빛이 하얗게 새롭고
물에 비친 자기 그림자에 취해
행복이 미소짓는다

나비 들은 때를 만난 듯
이리저리 날고
노랑꽃 파랑꽃 흰꽃 풀꽃 찾아
사랑의 유희 찬란하다

땀내에 젖은 촌 아낙같이
개망초들 강변 둑에 질펀히 늘어서
조잘조잘 보는 이 없어도
뽐뽐 한껏 뽐낸다

냇물도 내 맘 아는가
알아주는 이 없는 내 시심 싣고
유유히 손짓 떠나간 님생각
옛 추억에 잠긴다

김인녀

고독 그대 있음에

고독 그대 있음에 나는 내가 나를
마주하는 반추의 시간을 가진다
맹렬히 노력했노라
최선을 다해 일했노라
눈부시게 살았노라

고독 그대가 있음에 추억에 젖어본다
쌓인 책갈피 속에는 갈피갈피 이야기가
아직도 숨 쉬고 푸르렀던 희망들은
숭숭 뚫려 맨발에 상처가 나도
가시밭길을 달려가던 일 생생하다

고독 그대 있음에 욕심을 비운다
말년에 여유를 즐기고 책과 친하고
그 속에 많은 친구 만나며 외로움을 시로
꽃피우는 호사로 꽃밭을 이룬다

고독 그대 있음에 나는 내가 나를 다독인다
내 위로와 찬사로 더욱 나를 닦고 사랑하니
비온 후 무지개 위에 빛나는 섬광처럼
내 삶에 의욕이 석양에 물 들어가니
고독은 축복이다

고독의 나그네

세상 많은 사람이 있어도
우린 모두 혼자 가는 외로운 나그네
너는 너대로 나는 나대로

너는 너만의 생각 속에 파묻혀
오늘도 높고 낡은 울타리에 아픈
검은 그림자 위 고독이 애처롭다

나는 나대로 시의 유혹에 빠져
허우적대며 창 넘어 홀로 외로움을 씹는
차디찬 고독에 몸부림친다

허공에 매달린 위태롭고 외로운
쓴잔을 들고 고뇌하는 안개가 낀
길 위에 외로운 나그네 가슴 무너진다

김인녀

구름이여

푸른 하늘에 안겨 구름은 바람과 속살대며
시시때때로 변모해 나른다
삶이 버거워지면 구름 보며
자유를 건지고 불멸의 영혼을 길어 올린다

때로는 엉겨 이루지 못한 사랑을
솜털처럼 펼쳐 그리움의 꽃 되고
맺힌 울분의 한을 큰 소리로 울어
천둥 속에 맑게 비우는 그대

억울하게 풀리지 않은 사연은
빗줄기가 되고 피우지 못한 향기는
흰 눈꽃에 살아 세상사에 무디고
찌든 이들을 순화하는 그대

구름이여

그대처럼 나도 남은 생애 날로
맑게 비우며 자유를 꽃피우고
새털처럼 가벼이 날고자
꽃처럼 향기롭고자 하노니

그대 눈동자

태양 빛이 언 땅을 녹이고
달빛에 아름다운 서정이 흐르며
별빛이 초롱초롱 빛이 난다

하지만

언 가슴을 녹이고
먼눈을 밝히는 것은
사랑으로 불타고 빛나는
그대 눈동자

그 안에
내 사랑 있네

김인녀

그대의 선물

사려가 깊은 그대가 내게 어느 날
마른 붉은 단풍을 건네주었다
단풍은 큰 산을 품고 붉은 물이든
아름다운 옹지가 서려 큰 희망을
가슴 깊이 간직하고 되뇌인다
그 붉은 단풍이 물들기까지
봄날 따사로운 봄볕이 안아주고
한여름 장마, 비바람을 견딘 인내가
곱게 꽃피어 기쁨을 준다
세상사 그저 되는 것은 없다
일생을 바쳐 우리 정원을 가꾸었으니
눈부신 온전한 사랑 같은 꽃 단풍이 피었어라

그대 향한 마음

내 마음의 호수는 그대를 향한
냇물로 갈 봄 없이 가득차 있다

비가 오면 물결을 일으키며
출렁이듯이 호수는 흔들린다

햇살이 비추면 물 위에 반사하듯이
그대 얼굴이 호수 위에서 빛난다

호수가 출렁이고 흔들리듯
기쁘든 슬프든 그대 향한 내 마음 흐른다

김인녀

그대가 잊고 떠나가도

그대가
나를 잊어도
나는 돌아서서 미소 질거야

그대가
날 자신보다 더 사랑한 것을
잊을 수 없으니까

그대가
나를 떠나가도
나는 슬퍼하지 않을 거야

그대가
예나 지금이나 영원히
내 가슴에 있을 테니까

그대와 함께

늦은 아주 늦은 나이에 시라는
그대를 만나 연인이 돼 혼자여도
혼자가 아닌 듯 외로움은 없다

그대는 같이 있으면 가슴 가득
만 가지 꽃을 피우고
꽃향기로 포옹 나는 꽃이 된다

때로는 바람이 되어 고독한 나를
먼 미지의 세계로 데리고 가
신비의 꿈을 선사한다

아침 이슬 같은 눈동자 그대
안개 속에 피어나는 그대
진주처럼 아롱다롱 고운 그대

늘 변함없이 희망이 넘치고
풋풋한 그대와 함께 영원히
행복의 계곡에 살으련다

김인녀

그리움 튀기다

간식이 없을 때 누룽지는
허기도 채우고 그 고소한 맛이
여왕이던 시절이 있다

친구가 큰 수술 후 고통 속에 있어
모아 두었던 누룽지를 튀기며
아린 기억에 찔끔 눈물도 더한다

끓는 기름에 굵은 소금 한 알갱이 넣어
파르르 떨때 누룽지 넣으면
퐁퐁 설핏 그리움 한 줌 튀긴다

노릇노릇 튀겨진 누룽지는
아련히 시린 추억이며 또한 사랑을 향한
그리움의 향긋한 꽃이다

그리움의 샘

강물은 깊을수록 조용히 흐르지만
사랑은 깊어질수록 연민이 스멀스멀
보름달처럼 커진다

만날 수 없어 애가 타고
공허한 마음이 갈기갈기 찢겨 괴롭고
그대 향한 애정 더욱 절절하다

보고 싶고 안고 싶어 눈물이 나고
가시에 찔린 듯 아픈 가슴 오롯이 새긴 환영
그대 긴 그림자 어린다

잊으려 하면 할수록 피어나는 연정
분수처럼 솟는 그대 생각에 허우적
바다 같은 그리움이 샘처럼 솟는다

김인녀

기운이 솟는 날

간밤에 내린 흰 눈이 반짝이고
겨울 아침 햇님이 유리창을 통해
성탄이라고 사랑의 인사를 한다

티 테이블 의자가 저 먼저라고
허리를 돌려 앉으며 반갑다는 듯
손 뻗어 햇님과 주먹으로 맞는다

그 틈새를 비집고 엉거주춤이
얼굴을 내미니 햇님이 뽀뽀하고
푸른 하늘이 꿈처럼 가슴에 안긴다

크리스마스라고 거한 요리 식사에
꽃 같은 애들과 넘치는 은총으로
기운이 펄펄 늘 오늘만 같으면

꿈에 산다

살아있다는 것은
아직 할 일이 있는 것이고
할 일이 있다는 것은
아직 꿈을 꿀 수 있음이다

아침 해가 베란다에 질펀하게
자리를 펴고 황금 화살을 날릴 때
눈을 감고 명상에 젖는다

푸른 하늘가에 흰 구름이
유유히 흐르고 바다처럼 넓은
사고의 세계에 노를 젓는다

지난날은 지나간 대로 아름답고
남은 삶은 오밀조밀 향기로운 꽃구름 타고
유유자적 꿈을 읊는다

김인녀

기적의 참삶

기적은 무한하고 웅장하고 원대하다고
많은 이들이 착각한다
새처럼 공중을 나는 꿈도 세상을
제패 출세의 기적에도 올인한다

헤엄쳐 오대양을 횡단한 자든가
남들 보다 뛰어나려는 큰 꿈을 향하여
밤낮없이 질주하다 보면 가을바람에 허무만 남는다

내 젊은 날의 꿈은 소박하다
말을 타고 세계를 일주하는
말도 안 되는 꿈을 꾸며
나름 나는 행복했고 열심히 뛰었다

꿈이 기적이 되기도 하지만
쓰러져 몸져누우니 꿈은 그저 꿈일 뿐이다
물 위를 걷든 하늘 위를 날든 물거품이다

가장 명백한 소망은 매일 아침
밝은 햇살 아래 호흡하고 옷 입고
식사하고 일어서 걷고 커피 한잔
쿠키 한 조각을 즐기는 것이다

이는 평범하지만 부인할 수 없는
진리이고 기적의 참삶이며
그 이상은 기진한 인생길 위에
날리는 물안개 같은 덤일 뿐이다

김인녀

나 여기 있어요

나 여기 있어요
검은 장막을 뚫고 태양이 빠끔
얼굴을 내밀 때 벌써 나는 단장을 하고
울타리를 응시하며 오릅니다

나는 여기 있어요
많은 이들이 상큼한 아침 안개
가르며 하루를 시작할 때
나의 넝쿨에 꽃잎이 새날을 포옹합니다

나는 여기 있어요
푸른 하늘이 푸른 파도 넘실대고
흰 구름 배를 띄울 때
나는 장미 터널 지나 장미 향을 유영합니다

나 여기 있어요
기진한 하루가 그리운님 찾아
석양에 물들 때
나는 사랑 노래 읊조리며
별님과 숨바꼭질합니다

너 뿐이야

내가 힘들 때
내가 억울할 때
내가 가난할 때
내가 배고플 때
빛처럼 손을 내밀고
신처럼 어깨를 내어주고
나와 함께 해준 사람
너뿐이야

내가 아플 때
내가 슬플 때
내가 우울할 때
내가 외로울 때
보약처럼 웃음을 주고
비타민처럼 용기를 돋아 주어
내게 위로가 되어준 사람
너뿐이야

네 덕분에 살았다

김인녀

눈물의 점심

봄볕이 따뜻한 사랑 테이블에
그대와 함께했던 추억을 삼키며
콩나물국이나 된장찌개와 김치에
절은 나 특별한 점심을 차린다

애가 보내온 인디아 그릴드갈릭난
식용유에 참기름을 더해 노릇이
굽고 망고쥬스 한잔과 삶은 계란
더한 초코케익에 다육이가 놀란 듯

앞에 없어도 있는 듯 그대 미소와
홀로 먹는 상이 고소하고 달콤한데
왜 자꾸 목이 메이고 눈물이 날까
아마 너무 맛이 있어서 일거야

달무리

달님은 휘영청 밝아
연민을 주는 따사로운 눈짓으로
허한 가슴에 달빛 사랑을 주었었다

오늘은 밤하늘에 찌그러진 달이
짙게 달무리져 슬프게 눈시울이
붉고 애달게 물든다

아파도 혼자 아프고
울어도 듣는 이 없다
쓸쓸하고 외롭다

시간이 낡아 육신이 무너지고
고운 사랑 잃고 쓰라린 뜨건 눈물
그렁그렁 금방 쏟아질 듯 슬프다

김인녀

달빛은 흐르는데

달빛이 환한 좁다란 오솔길에
누가 볼세라 수줍음을 감춘 채
너와 나는 손잡고 같이 걸었었지

앞날을 응원하는 듯
나무들 가지 사이로 달님은
다정한 미소를 짓고 있었지

그때 나를 향해 부른 너의 노래가
사랑의 세레나데 되어 아직도
내 허허로운 가슴을 적신다

보름달을 볼 적마다 생각나는 너
이제나저제나 잊을 수 없는 너
환한 보름달이 되어 내 안에 있다

달빛에 베인 이 밤에 홍수 같은
그리움이 출렁이는 강물 되어
파도처럼 쉼 없이 일렁거린다

동조

외로움과
고독의
격랑 속에
중심을 잃고
흔들린다

편히
앉아 있던
자리를 일어나
휘청이지 않게
어깨를 내어준다

김인녀

달빛 젖은 밤

밤은 깊었는데 눈을 말똥말똥
이리 뒤척 저리 뒤척
벽시계는 벌써 새벽을 달린다

창밖을 보니 괘괘한 적막이 웃고
달빛 처량한 빛이 신의 계시처럼
아파트 창문에 흐른다

은하수가 내려왔나 별 조각들이
벽마다 반짝반짝 멀리 가까이
하늘 광장 이룬다

고요 속에도 은은한 출렁이는
그리움의 강물이 바다를 향한
희망의 외침인 양 아우성이 울린다

단단한 회색 콘크리트 벽들이
만리장성 인양 위용을 뽐내고
밤은 영원처럼 장엄하다

거리는 몇몇 가로등이 묵은
추억들을 읊으며 님 그리듯이
잠을 재촉하는 눈짓을 한다

처연한 달빛 흐드러진 골목에
흰 꽃인 당신의 모습 발자국소리
조용한 흔적들 그리움이 꿈을 꾼다

김인녀

마음

투명한 유리는 햇빛에 반짝이고
초록 잎새는 바람을 안고 춤추는데
홀연히 침묵의 내 님은
떠나갔다오

하지만 말하지 말아요
우리 사랑은 끝이 났다고
내 님은 영원히
내 가슴 속에 있을 테니까요

망상

순식간에 사고를 당해 몸이
정상이 아니니 머리가 아프고
별별 생각에 잠긴다

밤하늘이 내려앉아 은하수가
몽땅 땅에 내려오니 천지가
별 바다다

집집마다 번쩍 건물도 반짝반짝
눈부신 거리 발에 채는 것도
번쩍이는 별 부스러기다

강에도 별 부스러기가
꽃잎같이 흐르고 물새들이
별 사랑 속이 반짝반짝 빛친다

별 부스러기 더미 속에 더 큰 별이
환히 이 밤을 비춰 자세히 보니
바로 나 내가 있어 세상도 빛난다

김인녀

사람의 향기

꽃은 아름다움이 차서 향기롭고
바람은 불어서 시원한데 겨울 엄동설한
봄 초록 생명은 약동한다

세상은 발전할수록 정신은 피폐
삭막해지고 사람의 정도를 잃고 허우적대는
군상들이 많아 슬프게 한다지만

외국에서 일부러 날 보러오고
허리 굽은 오래전 가사도우미가
아픈 몸으로 밑반찬이고 문안이다

두 달 이상 병마와 씨름을 하니
내가 나를 잃어버리고 작아지던 차
사람의 향기에 고개를 겨우 들어 올린다

아직 살아있음의 은총과 축복으로
나도 삭막한 세상에 사람의 향기 풍기는
꽃 같은 삶을 꿈꾸며 아직
살아야 하는 무거운 한발을 내민다

사랑은 빛난다

암흑의 어둠을 사르고 사르고
그대가 미동하니 새벽이 열리고
천지가 사랑에 눈을 뜬다

그대가 있는 곳에 빛이 있고
생명이 움터 세상은 숨을 쉬고
사랑의 꽃으로 세상이 향기롭다

사랑하는 그대여 창문을 열어라
나뭇잎 사이로 햇살이 반짝이고
새싹이 날개 달고 사랑이 샘솟는다

그대를 위해 나는 노래하노라
사랑하고 사랑한다고 영원히
그대가 있어 살고 빛이 난다고

김인녀

인생의 건널목

도시에서 길을 걷다 보면 여러
건널목에 신호등이 빨간불
파란불 노란불이 번갈아 들어온다

파란불이 들어올 때만 그 건널목을
걸어서 갈 수 있고 때론 고장 나면
급할때 인내와 초조가 괴롭힌다

어릴 적 한국 전란으로 타향에서
삼시 세끼 굶주림에 허덕이던 때가
넘끼 힘든 삶의 가장 긴 적신호다

고난과 시련은 아프고 눈물겹지만
가시밭길 자갈길 폭풍의 건널목도
잘 넘는 지혜에 밑거름됐다 하리

상흔

광명처럼 아침 햇살이 내볼에
사랑스럽게 입을 맞추고
청청한 하늘에는 행복 실은 흰 구름 흐른다

지난 일 년여 나를 괴롭힌 병마가
조용히 떠나기 아쉬웠는지 엉뚱한 구석에
보기 흉측한 흉터를 낸다

한동안 검지가 쑤시고 화난 듯이
벌겋게 낯을 붉히더니 칼로 내려 친 듯
손톱이 잘려나가 섬 듯하다

잠든 영혼을 깨우고 심기일전의
경고장인가 가슴이 철렁 현기증에
뒤 되돌아보며 마음을 다잡는다

김인녀

소망의 날개

지난 한 달여 굴러온 바위에 눌려
숨을 몰아쉬며 다리를 버둥버둥
먹지를 못하니 피 토하는 괴롬이다

한술씩 겨우 뜨니 먼 산 너머에
어둠이 지나면 아침 햇살이 비추듯
미명의 빛이 비쳐 올까

겨우 뜨던 눈꺼풀에 나비의 기상이 돋고
어깨에 비둘기 날개 눈을 틔워 주려나

검고 거친 바다 풍랑에
시달리던 외론 배는 순한 돛을 날릴
소망의 날개를 펼쳐 본다

슬픈 엄마 효녀 엄마

찔레꽃 노래를 흐느끼며
잔잔히 흐르는 감성의 가수가 메마른 나를 울린다
그전에도 많이 불렸던 그 노래가
이렇게 가슴 저미고 슬픈 줄 정말 몰랐다

엄마인 내가 그의 노래로 내 엄마 생각에
가슴이 저려 오고 배고프고 아픈 날과
처절하고 처연했으며 비참했던 기억에
가슴이 울컥 눈물이 하염없다

엄마도 엄마가 그립고 안타깝고
일에 허리 휜 우리 엄마 덧없는 삶에
쫓겨 잊고 지나온 생각에 한없이 슬픈 엄마
백발이 된 오늘 그 가수 덕에 효녀가 된듯하다

김인녀

아직도 나는

심장 시술은 엄청 두렵고
공포스러워서 기억하고 싶지도 않지만
심전도가 정상이란다

수개월 여 병마에 시달리다
희망 섞인 의사의 말을 들으니
빛이 비추나 싶다

거울 속 비친 나 내 어릴 적 할머니
흰 머리 늘어뜨리고 주름진 얼굴
구겨진 모습 같아 나를 절망시킨다

나를 추스르고 의욕을 찾아야 한다
머리를 자르고 짧은 머리 파마에
갈 새의 염색 안간힘을 쓴다

여전히 멍하고 다리가 휘청이고
아직도 병색이 짙고 늪에 빠져
짠한 눈물 아워 볼 삶의 투쟁이다

어떤 편지

마음 한구석 허탈함이
움츠러드는 것 같은 것이
계절의 탓은 아닌듯하다

해도 여러 번 바뀌고 이제는
알알이 영근 그 많은 꿈들을
하나하나 따야겠다

붉게 익은 사과를 따듯이
둥근 대바구니에 따서
차곡차곡 담으면 어떻겠니

담을 곳이 변치 않을까 싶어
여기 달항아리에 수시로
마음의 꿈을 꼭꼭 담으렴

너에게 보람을 줄 수 있는
벗이 되어준다면 하고 조그마한
나의 정성을 달빛에 띄워 보낸다

김인녀

이방인

시인으로 등단한 후에 처음으로
가까운 선배 문인 점심 모임에 초대되어
구름 위를 걷듯 설레인다

기라성같은 선배 시인들의 빛나는
시작품이며 얽힌 흥미진진한
뒷이야기가 폭포처럼 쏟아진다

순수한 사랑의 아름다운 이야기며
가슴 저미는 아픈 이별의 단막극과
말로 표현하기 낯 뜨거운 사건도
.
예상을 뒤엎는 경악할 소설 같은
애정의 행각들도 금시초문 나는
딴 우주에서 온 외계인인 듯 멍하다

이별하며 산다

어제는 그제와 이별하고
오늘은 어제와 이별한다

아침은 밤과 이별하고
어둠은 빛과 이별한다

하지만 이별이 슬프고
아픈 것만은 아닌 것 같다

이별이 있어 만남이 있고
소멸이 있어 창조를 이룬다

옛사랑이 가면 새 인연이 오고
이별은 새 희망을 담기도 한다

슬프지 않은 이별은 없지만 삶에
슬픔도 기쁨도 같이 손잡고 간다

김인녀

3부. 모진 바람

숨이 막히고 구토가 엄습하고
손발이 떨리고 팔다리 마비되고
머리가 어질어질 하늘이 아득
병마의 마수가 긴 손을 뻗는다

                  모진 바람 중

나를 슬프게 하는 것

사랑하는 후배가 알아보니
과년한 남매를 아직 여우지도 못하고
구강암이 폐로 장에 퍼져 세상을 떴다니
마음이 가시에 찔린듯하다

오늘 만나기로 한 한 친구가
도중에 큰 변을 당하고
점심 식사 후 귀가 도중에
다른 친구가 돌연 쓰러져 길 위에
허우적거리니 가슴이 아프다

일 년 내내 몸을 추스르지 못하고
시달리다 겨우 운신을 하니
매사 밤눈처럼 두려워 떠는데
자꾸 안타까운 일들이 서글프다

무심한 세월은 쏜 살갗은 요 즘
더 빨리 가는 듯 한데
오늘 하루해가 길고 쏟아지는 슬픈 일들
뜨거운 눈물이 아프게 하염없다

내면의 나를 만나다

몸이 아프고 내 의지와 다르니
의욕이 떨어지고 수렁에 빠진 듯
매사 혼란스럽다

감성이 무디고 시상도 외출하고
허송에 주저앉아 움직임마저
방향을 못 잡는다

가야 할 길은 바쁘고 촉박한데
해야 할 일은 아직 많이 남았고
나 지금 어디에 마음만 조급하다

너는 할 수 있다고 무언의 외침이
아래 깊은 곳에서 참 나를 믿고
사랑하라고 큰 울림 가슴을 울린다

김인녀

내 어머니의 하루

솔가지 쏘시개 아궁이에서
불타는 소리에 동창이 열리고
뿌연 연기 속 아침 밥상은
어머니의 눈물이다

늦은 점심은 언 보리밥 덩이
찬물에서 헤엄치고 베틀에
하루해가 짧아 서산마루에서
애달픈 작별을 노래한다

풀 먹인 무명 다듬이 소리에
놀라 창틀에 매달린 호롱불이
은하수를 달리는 별들의 행진에
눈을 비빈다

손 재단한 중의 바지 솔기가
별빛에 반듯하고 달님이 걸린 어머니
시치미 손끝에 아스라이
새벽녘은 밝아온다

망중한의 황혼

아침 해님이 빠끔히 창가에
얼굴을 비치면 의자를 끌고 가
햇살을 끌어안는다

햇살을 빼앗긴 뒤에 군자란이
자기가 기다린 빛이라고
얼굴을 내밀어 나란히 해바라기 친구한다

햇살은 앞에 높은 아파트에 젖은
그림자를 잃어갈 때 커피잔을 들고
딸이 가져온 뻥튀기 한 움큼 건진다

중학교운동장에 뛰는 바둑돌들
같던 내 학창의 추억에 젖는데
푸른 호수에 흰 구름 석양에 물든다

김인녀

매화꽃피는 눈밭에서

겨울의 춥고 떨리는 눈밭에서
그 아름다움을 비껴갈 수 없는
장엄하고 굳센 매화나무의 신비가 살아 숨 쉰다

흰 눈발이 살랑살랑 휘날리고
겨울의 아픈 상처를 이겨내며
우아하고 고운 매화꽃 방긋방긋
소곤소곤 가녀린 속삭임이 꽃핀다

하얀 눈벌판에 내 아프고 아린 사랑의 기억
그대 여린 미소와 단아한 실루엣
환영의 긴 그림자 잊을 수 없는 그대의 사랑

황량한 사막 가운데 던져진 어린싹은
목이 마르고 허기져 허접한 이들의
악다구니 같은 건너기 버거운 늪이 있어도

폭풍 같은 질풍노도에 배가 흔들리고
쓴잔을 마셔도 그대 다정한 손길과
따뜻한 목소리로 별빛 같은 사랑의 꽃 피어난다

그대 사랑 영원합니다

모든게 한 순간이더라

기쁨도 슬픔도 지나고 보면
그 기억도 희미하게 사라지더라
몸과 마음이 뜨거웠던 사랑도
흘러가고 배신에 가슴 떨리는 미음도
추억 속의 한점뿐이더라
부자라고 눈을 치켜뜨는 것도
끼니를 거르는 뼈아픈 가난도
모래사장에 모래성처럼
밀려오는 파도에 휩쓸려 지워지더라
부귀영화 권력과 명예의 부침도
찌든 세월에 빛과 그림자의
색깔이 선명하게 바뀌더라
지금 이 순간에 충실함이 최선
모든 게 한순간이더라

김인녀

모래알 세상

많은 시련과 지각변동이 바위를 이 많은 알갱이
모래를 만들고 서로 모른 채 바다를 품을
꿈을 꾸며 하염없이 바닷가에서 밀어들이 뒹군다

비가 오면 비에 젖어 허우적대고
눈이 오는 추위에 얼어붙어도
아랑곳하지 않고 태양이 쏟아지면
햇살을 파도가 밀려오면 파도를 애무한다

한줄기에서 갈라진 식솔들도
모래알처럼 사랑도 모른 채 폭풍에 허덕이며
뜨거운 탐욕에 젖어 맨발의 한숨을
몰아쉬는 것이 우리네 자회상이다

모진 바람

차가운 강바람이 무차별 몰아치니
온몸이 얼은 듯 굳어 온다
추위를 못 이기는 체질에
점심이 그대로 위에 반란이다

숨이 막히고 구토가 엄습하고
손발이 떨리고 팔다리 마비되고
머리가 어질어질 하늘이 아득
병마의 마수가 긴 손을 뻗는다

새순 연초록 실버들 휘날리고
물새들도 나래 접고 숨는데
세찬 강바람처럼 몸속에
아픈 모진 바람 휘몰아친다

김인녀

몰인정

네 생일이 올해에는
이틀이 앞서니 먼저 할래

너는 음력이고
나는 양력으로 하니까

지난번 은이가 생일 할 때
다른 약속 있다고 불참하고는

안 하기로 했다 하며
차례를 않겠다는 듯이

백수련

오래된 연못 속 푸른 연잎 위에
백조 깃털 시샘하듯
하얀 미소 우아하게 곱다랗다

수집은 듯이 실바람에도 흔들리고
맑은 물에 씻기워 하얀 영혼이
새하얗게 순하다

빛나는 태양이 금실처럼 비추면
활짝 웃음이 행복처럼
흐뭇하게 다가온다

진흙 속에 발을 담그고도
맑고 청초한 가슴으로 향기를 풍기는
순수의 그대 해사하다

어둡고 비열하고 추한 것을 헹구고
이 세상에 한줄기 선한 흰빛의 천사
첫사랑처럼 가슴에 엉긴다

김인녀

별이 된 그대

혼자 먼 길을 그대 떠나간 날
나는 어쩌라고 밤새 울었네
달은 휘영청 밝으나 수많은 별
숨어 버린 밤하늘에서
긴꼬리를 날리며 별 하나 떨어져
내 가슴속으로 들어왔네

울지마
나 여기 있어
그대는 말했네

살아있음을 노래하다

추위에 얼어붙은 나뭇가지에
새싹이 파릇파릇 숨을 쉰다
하늘을 향해 쑥쑥 자라 바람 따라
꽃을 피우며 벌나비 끌어안듯이

고목같이 낡은 심신이 괴롭이지만
한 편의 시를 쓰려 안간힘 쏟는다
시로 꽃피우려는 마음은 영혼이
아직 살아있는 행복을 노래한다

김인녀

석양에 꾸는 꿈

해 질 녘에 태양은 꽃 그림자 따라
내일을 향한 환희의 춤을 춘다
햇살은 어둠을 사르고 새날이
맑은 얼굴 희망의 미소를 보낸다
젊음의 꽃이 향기롭게 기울어도
만년의 꿈은 촛불처럼 너울거린다
쓰다만 시구가 책상머리에서
뒹구는 아우성에 움칫하면서도
딴전이다
아프지 말자
걷자
넘어질라
밥은 제때 먹자
아침 햇빛을 쫴야지
잠은 잘 자자
커피는 끊어야지
늘 염불처럼 왼다
구차하고 초라한 염원을 부여잡고
실낱 잡듯 처진 날개 위에
석양의 버거운 꿈을 그린다

설익은 약속

봄꽃은 향기가 짙어가고
봄바람은 꽃을 얼싸안네

봄이 오면 다시 온다던
님은 어디에서 길을 잃었나

꽃진 자리 무성한 초록 햇살은 반짝이는데
님소식 까치도 울지 않네

봄은 오고 가고 꽃은 피고 져도
안 오시는 님 왜 잊을 수가 없나

김인녀

세월의 수레바퀴

지칠 줄 모르는 수레바퀴
나는 오늘도 시곗바늘처럼
한 치의 어긋남 없이 잘 구르고 구른다

내 등에는 어린이들도 어른들도
타고 건장한 남자도
꽃 같은 여자도 눈코 뜰 새 없이 북적인다

따사로운 사랑의 꽃길을 지나
비포장자갈 길 흙탕물 얼음판 넘어
파도에 굽이굽이 멀미 나도 간다

어린이가 어른이 되고
노인 되어 야속하다고 허무를 삼켜도
내일도 모래도 끝없이 영원히 물결친다

여로

아침에 눈 뜨면 그날의 점심을
오후가 되면 별빛 쏟아지는 밤을 사랑하고
어둠이 내리면 빛나는 내일을 기다린다

추위 속에는 봄꽃의 향연이
청정의 바다 여름의 낭만을 고대하는가 하면
현란한 단풍과 오곡백과 풍성한 들녘을 꿈꾼다

세월의 강물은 흘러 흘러 마침내
청록의 갈기를 날리던 등성이를 지나 흰 눈 같은
화관을 이고 피안의 언덕을 향해서 간다 홀로

김인녀

외론 섬

초겨울이라 햇볕은 따스해도
싸늘한 바람이 옷깃을 스미는데
갈매기 떼 서녘 하늘가에 외롭게 날아간다

젊은 날 꽃 같은 그림자
야위어 희미해도 울고 웃었던 일들이
가슴에 메아리쳐 뭉클하게 울린다

집의 문을 여니 공허만이 가득
유난히 텅 빈 을씨년스럽고
시무룩한 낯빛에 내미는 손이 낯설다

망망대해에 혼자 떠 있는 외론 섬
노을은 수평선 넘어 기울고 삼킬 듯이
폭풍 같은 파도가 섬을 휘몰아친다

의지

작은 집이나 큰 건물이나
모진 풍파에도 잘 버티고
연약한 우리를 감싸고 보호한다

나무이든 철근이든 잘 받쳐주는
기둥이 무겁고 힘겨운 벽을
지붕을 떠받치는 덕분이다

거친 세상 태풍에 폭설에
휘청이는 삶의 작은 배는
곧은 심지가 있어야 한다

허약하고 연약한 마음의 집은
감언이설에도 부서지기 쉬운데
튼튼한 의지가 마음의 기둥이다

김인녀

기우는 석양

아직 젊다고 착각하며 이리 뛰고 저리 뛰던
어느 저녁 무렵에 뉘엿뉘엿 쇠잔해가는 빛의
신비한 마술의 깊이에 젖는다

꼬까옷을 입고 빨간 모자를 쓴
예쁜 소녀가 금빛 찬란히 엄마 곁에
아장아장 걷더니 순간 황금 머리 올린
숙녀가 춤을 춘다

점점 하늘은 검은 색을 향해 가고
황금 머리 숙녀가 금빛 봉황이되
저무는 하늘을 날고
물오리 머리통이 참새 주둥이가 된다

참새는 꽃구름의 깃을 날리며
조각구름이 되어 멀리 날아가고
아랫집 유리창에 두 개의 불기둥이
한 줌 티끌로 어둠에 지워진다

내 그림자를 보는 듯 기우는
삶의 기운이 야위어 힘이 풀린 다리는
무감각을 건너 수평선을 자맥질하고
빛고운 석양이 기운다

장한 나의 다리여

오랫동안 심장과 위장 장애로
영양의 결핍 탓에 그대 의욕도
기운도 잃어 운신도 못 했었지

바위 같은 신체 전부를 떠어 받치고
걷고 뛰며 삶의 물결 위에 측정키 힘든
그대 임무가 뼈에 사무쳤지

뼈를 깎는 아픈 단련에 힘입어
두려움도 마다하지 않고 멀고 긴 외출
비틀어지지 않은 곳으로 갔었지

연약하고 쇠한 나의 다리여
그대는 내 삶을 지탱하는 자부심
덕분에 잃었던 자신감을 찾게 됐지

장하다
고맙다

김인녀

봄은 내 가슴에

봄 아지랑이 햇살 타고 창 넘어
방긋이 웃으며 앞 베란다에
살포니 내려 하늘하늘 춤을 춘다
남풍의 따뜻한 숨결이 빠질세라
꽁무니를 따라오고 강변에
미루나무 연둣빛 모자이고
화살나무 파티 옷 입을 채비로
몸단장에 하염없다
까치집 두서너 개가 덤으로
새로 난 새끼들까지 오니
군자란 사랑꽃 제라늄이 붉게 반겨
봄소식 나 뒹군다
관음죽이 새순이 쑥 올라와
봄의 입김이 얼기설기 재잘대잘
안양천에 흰 물새 두 마리가 벌써
돌아와 오리 떼를 밀치고
유영 물속에 퐁당퐁당 봄을 낚는다
찬바람이 가득 삭막하던 가슴에
꽃바람 타고 설레는 봄 향기에
마음 취해 님이 오시나 보다

진실한 사랑을

아침에 눈을 뜨면서부터
다시 이별을 껴안고 그날을 연다
햇살이 밝고 맑아도 이길 수 없는
밤은 그림자를 지우고
하루가 다시 없을 허공 속으로 사라진다
봄꽃이 화사하고 향기로워도
계절의 열기를 포옹하고
여름의 뜨거운 열정을 맞으러 떠난다
시간은 무지개 꿈을 거침없이 지나
영원의 산등성이를 넘고
지금 만이 인생의 빛나는 순간
다시 돋아나는 사랑의 새순이
진실한 사랑으로 불타는 눈동자는
그대 발길을 밝히는 등불이어라

김인녀

질긴 애정이어라

삶이 궁핍하고 모질어도
속살이 뽀이얀 아가들을 보면
입가에 미소가 향기롭게 피어난다

한설이 몰아쳐도 꽃바람 몰고와
앙상한 나무에 초록물 들이고
메마른 골짜기에 꽃잔치 풍성하다

청춘은 아름다울수록 빨리 가고
애틋한 사랑일수록 잊혀지지 않아
가슴 에이고 아프다

라일락 향기는 젖지 않아
비가 시샘하고 배롱나무의 긴 긴 사랑
비할 꽃이 어디메뇨

첫사랑의 입맞춤

봄이 대지에 첫사랑 입을 맞추니
산골짜기 실개천의 콧노래 흥겹고
살얼음 사이로 송사리가 춤을 춘다

외진 골목길에 아지랑이 손짓하고
남산에 종달새 님찾는 사랑노래
총각의 봄피리 소리 그대가 부른다

개울가의 번지는 갯버들 새순
가녀리게 미소짓는 꽃망울들
남풍의 따순 입맞춤에 희희낙낙

첫사랑 입맞춤에 붉게 물들었던 봄
터질 듯 설레는 마음 사랑 꽃 되어
가슴속에 뜨겁게 뜨겁게 타오른다

김인녀

추리 점등의 찬가

참으로 오랜만에 추리를 꺼내
세팅을 마치고 점등을 하니
찬란한 빛이 작은 등으로 반짝
반갑다는 듯 활짝 웃는 그대

하늘로부터 오는 섬광 아래
메리 크리스마스가 뜨고
황금 별이 축복을 안고
빨간 종이 사랑을 울리고
흰 종이 애들의 건강을 응원하고
은빛 종이 행복을 노래하며
많은 선물 상자들 선물 주머니
가득 실은 루돌프 사슴 마차
붉은 옷 흰 수염에 자비의 미소 띤
산타클로스 할아버지 고삐 잡고

사랑의 은총으로 금빛 구름을 가르며
내게로 내게로 날이 온다
아픔 절망 고통 근심 모두 잊고
벅찬 감격의 눈물이 그대 만나는
기쁨 가득 차는 환희의 순간이다

추억의 꽃밭

비 온 뒤에 하늘이 더 푸르듯이
우울한 날에는 애써 지난날의
즐거웠던 일 행복했던 기억을
끄집어내 본다

사업에 바쁘고 힘들어도 하늘의 시간
촌분을 쪼개가며 안나의 집에
불편하신 어르신들 돌보던
열정에 가슴이 뜨거워진다

동분서주 오늘은 다시 오지 않는 다고
살았던 그때는 사람의 꽃향기가 나를 삼키고
미소꽃이 절로 곱게 번진다

수십 개 공로패 감사패 그리고 사랑패가
거실 구석에 뽀얀 구름이고 활짝 피우는
웃음에 내가 행복 머금은 채 꽃이 된다

김인녀

푸른 하늘

일이 난감할 때 푸른 님을 보면
시원한 바람 가슴의 응어리를
어루만져 준다

구름이 하늘을 덮고 우울할 적에
구름 사이로 살짝살짝 비추는
푸른 님에서 희망을 본다

나를 지탱케 하는 내 삶의 원천
깊은 호수에 빠질 듯 아득할 때
님은 위안이며 삶의 전부다

언제나 삶의 활력소
희망의 원천이고 위로의 수호자인
푸른 하늘은 내 님의 얼굴이다

하늘에 기대 산다

세상사가 만만치 않다 어려운
일이 있을 적마다 하늘을 향해
호소한다

꼬인 문제가 잘 풀리게 해달라고
가뭄이 들면 비를 내려 주시라고
자식들 무탈하게 섭리해 주시라고

사는 동안 전쟁 없이 평화누리게
사는 동안 모든 이를 사랑토록
사는 동안 무병장수 돌봐주시라고

하느님을 아버지라 부르며 하늘에
만사형통을 소원하며 모든 것을
일생 하늘에 기대 산다

김인녀

햇살에 빛나는 냇물

냇물은 금빛 태양 빛에 반짝이
희미해지는 먼 그때의 기억을
말하는 듯 새롭게 옹알이한다

천방지축 하늘이 낮다고 뛰며
개구쟁이처럼 헤엄치고 첨벙대던
그 시절이 어제처럼 꿈만 같다

그대와 걸었던 내 사랑의 발자욱 소리도
지금도 기억한다고 냇물이 조잘대는
소리 들리는 듯하다

그새 꽃길 따라 내 사랑은
먼 길 가고 나 혼자 석양에 기우는데
냇물은 변함없이 햇살에 사랑이 흐르네

행복한 삶

삶은 영원할 것 같아도 속절없고
가을에 낙엽이 비처럼 날리듯
겨울 입김처럼 스러지리니

무쇠 같던 뼈마디 으스러지는 소리
초롱초롱 눈빛 흐려지는 소리
컴퓨터 같던 기억력 잊히는 소리

살아갈 날이 얼마 남았을까

사랑하는 사람은 더욱 사랑하고
날 미워한 사람도 괴롭힌 사람도
남은 날 모두 모두 사랑해야지

사랑은 사랑을 낳고 세상 포용은
나를 사랑하는 것이니 내 마음에
사랑꽃이 가득차 행복이 넘친다

김인녀

향기로운 봄봄봄

겨울잠에서 나무들이 깨어나고
가녀린 숨을 쉬며 가지는
연둣빛 새싹을 틔우고
활짝 꽃피울 푸른 희망의 향기를 뿜는다

하늘은 푸르고 공기는 상큼하고
땅은 동면에서 깨어 생명을 품고
태양은 온 누리를 밝게 비추니
침묵의 산천이 방긋 웃는다

지친 가슴에 활기를 불어넣고
암울한 영혼이 살아 숨 쉬는 계절
사랑 찾는 청아한 새소리
냇물의 노래가 얼음 사이로 상쾌하다

근심을 사르고 샘솟는 그리움에
뜨거운 사랑 이루는 꽃 같은
마음 봄의 향기를 마시니
행복의 꽃이 곱게 피어난다

향기로운 사람

세상사가 뜻대로 되지 않은 때
할 수 있다고 토닥여주는 사람
순조롭게 잘되던 일이 꼬일 때
힘내라고 말해주는 사람
새로운 시작을 하려다 주저할 때
그럴 수 있다고 격려하는 사람
순간 판단의 잘못으로 늪에 빠질 때
실패는 성공의 어머니라
용기 주는 사람
나보다 상대를 먼저 배려하며
양보를 먼저 하는 사람
매사에 사려가 깊고 사기를 돋우고
삶에 자신감을 주고
응원을 아끼지 않는 향기로운 사람
그대 꽃은 향기로 말하고
사람은 말로 향기를 뿜는다

김인녀

소리

봄비 소리
보슬 보슬

여름비 소리
주룩주룩

바람 소리
휭휭

세상에 으뜸
예쁜 소리

아가 소리
어 엄마

황혼의 애가

짙푸르던 가로 수 잎
가을빛에 물들고
불타던 하루의 해는
서산을 넘어가는데

축제 같던 내 삶은
석양의 뒤안길에서
고독의 늪에 누어
외로움을 앓는다

김인녀

희망

폭풍의 언덕에 휘청이는 나그네
흰 너울 속에 길을 잃고 헤맬 때
그대 따스한 입김이 있어 눈을
크게 뜨고 앞으로 나아 간다

삶에 짓눌리고 세파에 누 덕이며
영혼이 제자리를 잃고 울부짖을 때
청아한 샘물같이 그대가 헹궈줘
내 영혼이 맑게 눈을 뜬다

병마에 짓눌리고 고통에 쌓여
병상에서 캄캄한 어둠 속에 있을 때
그대의 속삭임이 들려 삶에
애착이 살아나 긴 호흡을 한다

봄에 새싹 같은 그대여
나를 살게 하는 그대여
나를 밝히는 등불이여
그대가 있어 나는 일어나 걷겠다

희망의 빛

비켜 갈 수 없이 겨울이 깊어지면
봄의 따스한 입김이 가까워지듯이
앞이 캄캄하던 내 침울한 터널의 끝자락에
실낱같은 빛이 보인다

역경의 허물을 벗고 흰나비 날듯
뒤뚱뒤뚱 겨우 혼자 멀리까지가
오랜만에 친구와 수다로 하루
해가 찬란하게 눈부시다

깊이 쌓였던 눈이 녹고 남풍 불면
봄의 산천이 더 푸르게 빛나고
비가 내린 후 하늘은 더 높아지고
아름다운 꽃향기 만발하는 것같이

내 아픔은 깊이 잠든 무관심을
일깨우는 큰 울림의 종소리이고
나의 괴로운 고독은 영혼의 등불 되니
희망의 빛이 반짝인다

김인녀

4부. 가을 문턱에 서서

백일홍 아직 붉고 향기로운데
맑은 햇살 아래 젖은 마음
그대 생각에 눈물이 하염없다

　　　　가을 문턱에 서서 중

가을 문턱에 서서

문틈으로 스미는 아침 공기가
싸늘하고 멀리 들려오는
산새 소리가 추억을 부른다

라디오에서 퍼지는 멜로디가
서글프고 사랑하는 이들이
이 가을을 남기고 가니 애달다

하늘 보며 하늘하늘 춤추던 그대
사랑과 애정에 곱게 핀 코스모스
의 가을이 내 가슴을 후빈다

백일홍 아직 붉고 향기로운데
맑은 햇살 아래 젖은 마음
그대 생각에 눈물이 하염없다

가을 화원의 꽃

삭풍이 부니 푸른 날을 잊은 채
나무들은 가을빛에 물들고
내 정원에는 사랑 꽃 지고
순결의 소리에 입술 오므린다

내 삶도 부서지는 소리 바삭바삭
거리고 절친들이 한둘 떠나도
슬퍼 울지 말고 병마의 화인 같은
세월에 상처 난 영혼을 응원한다

힘내라
건강해라
자신감을 가져라
당신은 아직 할 수 있다

계절은 아랑곳하지 않고
깊은 곳에 숨어있는 마음의 붉은 꽃이
활짝 웃으며 가을 화원에 꽃이 되길
송이송이 떼로 합창을 한다

김인녀

가을은 저무는가

세상이 아무리 복작거리며
아프고 정신이 혼미해도
세월은 초침 하나 어김이 없다

삼복의 더위가 어제인듯한데
맵시 난 산천초목 초록이 변심했나
길가 은행나무 노랗게 휘날린다

쓸쓸한 갈 바람 옷깃을 스미는데
낙엽은 소낙비처럼 쏟아지고
산등성이 가랑잎 울음소리 애달프다

숲속에 청설모는 때를 만난 듯
갈 거지에 눈을 반짝이고
도토리 구르는 소리 겨울 나그네 서성인다

가을의 숨결

열병을 앓듯 하던 아침 햇살이
하얗게 퇴색되고 옷깃을 스치는
입김이 가슴을 간질인다

하늘가에 조각구름 꽃송이 피고
여름 달구며 창문을 흔들던 매미
울음소리 슬며시 아침 이슬이 된다

세월의 무게에 지친 삼복 보다
더 뜨겁게 달구던 내 심장도 이제
그대 파리한 숨결에 입을 맞춘다

형형색색 꽃피던 내 청춘은 갔어도
그대 숨결에 부쳐 내 인생에
빛나는 마지막 시 한 수를 꿈꾼다

김인녀

낙엽 쌓인 능선에 누워

갈바람에 우수수 나뭇잎은 떨어져
산골짝 능선에 수북이 쌓인다
그 위에 누우니 아지랑이일 듯
지나간 기억이 솔솔 피어오른다
첫눈 같은 사랑에 가슴 설레던 일
자랑스러운 애들 혼인하던 시절
사업번창으로 으쓱하던 추억들
나무도 그랬듯이 푸르던 젊은 날이 어제인 듯
꿈결처럼 지나갔다
저 하늘은 예나 지금이나
호수처럼 푸르고 높은 위상이 펄럭이건만
나는 푸르던 희망이 퇴색하고
자존감도 땅에 떨어져 뒹군다
기운이 온몸에서 모두 도망치고
낙엽처럼 부서져 바삭거린다

아, 누가 말했던가
인생은 한줄기 꿈이라고

뭉그러진 칼날

목숨이라도 바칠 듯
뜨거운 사랑으로 신혼 일정
저녁 모임에 행복이 벅찬 가슴으로
둘이 손잡고 간다

걸출한 성찬에 식사가 시작됐는데
그대는 옆에 있는 어느 젊은 아가씨에게
깻잎을 떼어주며 다정한 미소를 보낸다

그날 밤 집안의 공기는 무겁고
눈에 보이지 않는 칼날이 번득이며
숨 막히는 천장을 가르고
통곡 소리 적막을 휘젓는다

수많은 사연을 쌓은 세월을 따라
그대는 가고 이제는 깻잎을 먹여 준다 해도
그대가 내 곁에 있으면 하는
맹랑한 생각 헛웃음이 싫다

김인녀

비감

봄꽃 향기로운 미소가 아름다운
이 찬란한 계절 병마에 쓰러져 누어
슬픈 호수에 빠져 있다

노랫소리만 나도 눈물이 줄줄
알리가 다저스 경기장에서 울린
미국 국가가 왜 그리 눈물이 날까

즐거운 동영상을 봐도 눈물
애절한 그리움 눈물에 젖고
내 봄의 영혼이 애수에 앓는다

두렵지 않던 나이가 이제
매사가 무섭고 집안에서 밖으로 나가기가
조심스럽고 헤매니 서럽다

하루하루 나의 삶을 훔쳐 가고
내 생명을 갉아먹으며 세월이
병마를 주니 숨 막히게 애달프다

누가 말했나
인간은 홀로 가는 슬픈 존재라고

설레게 하는 그대

초대로 처음 식사를 같이 한 후
그는 주차한 장소를 찾지 못해
추운 주차장을 이리저리 헤매니
철부지처럼 어리숙한 허당이다

항상 찍으라고 그님이 말했다며
다음에 식사한 후에는 친절히 부축하며
자랑이라도 하듯이 전화기에 파킹번호를 내민다

어리숙이 멋인가
비세련이 멋인가
순진이 멋인가
생각할수록 독특하고 기이하다

봄볕과 산책 중에 안부 전화
청아하게 울리는 목소리가
다정하고 따뜻하게 다가온다
가슴이 울렁거린다 봄볕 탓인가

김인녀

세월아

세월에 얹혀서 우린 희비에
웃고 울며 지나지만, 세월은 평평한 길
험한 길 가리지 않고 그냥 간다

어릴 적에는 세월이 너무 느려서
왜 그리 느리냐고 듣건 말건
세월에 혼자 푸념을 한다

어느새 세월은 내 앞에 와서
놀자고 손짓하며 알사탕 같은
열매도 주고 영광의 기쁨도 준다

눈 깜짝할 사이도 없이 저 세월은
앞서 뛰어가니 숨이 차고 눈이 침침
현기증에 쓰러질 듯 헐떡인다

꽃다운 사랑은 저물고
눈부시게 찬란했던 꽃자리도
지쳐 시들고 끝자락 낭떠러지다

세월아 쉬엄쉬엄 가자꾸나

아 가을이다

한여름 더 위의 만용
식혀 주던 선풍기 바람도
한 치의 오차 없이 다가오는 계절의 시침을
비켜 갈 수는 없다

아침 소슬바람 창문에 머무시듯
뜨거운 첫사랑의 연인처럼
아침 단잠에 비몽사몽인 내 가슴에
살포시 안겨 속살거린다

산책로 가에 창창하던 푸른 물결
넘실대던 강아지풀이 노란 입김 살랑이고
가녀린 코스모스 분홍빛 웃음
까르르 창공 가득하다

가로수 은행잎이 한잎 두잎
포도를 덥고 언덕 위 단풍나무
빨강 보료를 깔고 그대 사뿐 밟는
낙엽 소리에 내 사랑도 익어간다

김인녀

까치가 운다

까치가 운다
내가 떠나온 옛고향에 좋은일 있어
고향 친구들이 기쁨에
춤추나 보다

까치가 운다
봄 맞아 겨우내 기죽어 움츠렸던
벚꽃이 만발하여 무거운 외투 벗고
봄 노래가 한창이라나

까치가 운다
언덕에 나무들이 새싹이 파릇파릇
까치둥지에 새끼들이 입을 벌리고
천사의 사랑 꽃이 향기롭다

까치가 운다
늙은 고목에도 물이 오르는
새봄에 출가한 손녀가
쌍둥이 출산했다니
얼마나 기쁜 일인가

까치의 노래

아침부터 까치의 노랫소리가
창 넘어 가까이에서 들려오니
좋은 소식 있으려나 삭막하고
잔잔하던 마음이 출렁출렁 기대감에 흔들리네

까치 두 마리가 옆 건물 옥상에서
서로 목을 비비며 알콩달콩 애정의 몸짓
한 마리가 창문 밖 나무 위를 둥글게 비행하고
다른 놈은 화원을 보란 듯이 돌아오네

서로 번갈아 날갯짓을 뽐내고
둘은 부리를 맞대고 눈을 맞추며 부딪치니
사랑의 윤슬이 일렁이고 사랑이 춤추듯
날개를 나란히 숲속으로 사라져 가네

마침 학창시절 나를 은애했던
선배와 오늘 얼굴을 마주하고 젊은 날을 반추하니
소녀처럼 가슴이 뛰고 설레는데
행복이 마음의 강에 가득히 차 오르네

김인녀

초겨울에 떠난사랑

뽀얀 입김 날리며 삭풍 부는 이때
푸른 꿈을 숨긴 나목이 떨고
낙엽들의 아우성 길가에 뒹굴고
까마귀 검은 울음소리 들리는데
하늘빛 뚫고 먹구름이 밀려오네

흰 눈에 발자국 남기며 떠난 그대
아릿한 마음 속절없는 눈물
찬바람 휘젓는 가슴 외로움에 떨고
고독에 아픈 사랑 공허한 창공에
애절한 그리움처럼 흰 눈이 내리네

겨울 달

함박눈이 봄 나비처럼 눈발이
날리더니 천지가 눈 덮인 하얀 밤
밤하늘에 별은 총 총 빛나건만
님은 찬바람에 오들오들 떤다

유리창에 한겨울 피는 성에꽃
틈새 흐르는 달빛이 춥고
늦은 밤 창틀 위에 애달픈 님은
파란 얼굴에 미소가 향기롭다

바람도 얼어붙었고 고요가 누어
말 없는 침묵이 강을 이루고
님은 은은한 눈빛으로
아픈 나의 마음을 어루만진다

김인녀

겨울비

바위처럼 무거운 찬 기류가
햇빛을 가리고 침울을 몰고와
울음이 터질듯 몸부림치며 울부짖는다

추운 겨울날에 추적추적
비가 내려 더욱 차갑고 우울하며
오실님 젖을라 애타는 마음이다

추위와 팬더믹으로 움츠러들고
가라앉아 지친 하늘의 눈물인가
가슴 울적하고 님의 따스운 향기가 그리워진다

처절하게 그리는 님을 향한
침묵의 아우성친 양 빗소리가 스산하고
따뜻한 님의 품에 그리울 간절하게 가슴을 적신다

겨울산은 꿈꾼다

쓸쓸하고 처량한 겨울 산은
싱싱한 푸른 계절의 꿈과 영광을 품고
말없이 산하를 굽어보며 생각한다

한낮 스치는 바람결에도
지난날의 고운 추억이 행복처럼 피어나고
마른 가지에 흥겨울 꽃잔치가 설렌다

하얀 눈 속에 피어날 복수초 향기가
보석으로 영글고 희망이
구름 같은 아지랑이로 춤춘다

꽃샘바람 앙칼지게 할퀴어도
눈 속에 매화는 향기롭고 봄은 곱게
벙글듯 낡고 찌든 세월 속에
내 묵은 소망이 꽃피울 꿈을 꾼다

김인녀

창작동네 시인선 194

꽃들의 함성

초판인쇄 | 2025년 04월 10일
지 은 이 | 김인녀
편 집 장 | 정설연
펴 낸 이 | 윤기영
펴 낸 곳 | 도서출판 노트북 등록 | 제305-2012-000048호
주   소 | 서울시 동대문구 사가정로 256-4 나동 101호
전   화 | 070-8887-8233 **팩스** | 02-844-5756
H   P | 010-8263-8233
이 메 일 | hdpoem55@hanmail.net
판   형 | 신한국판형 130-210/ P128

ISBN 979-11-88856-97-8-03810
정 가 10,000원

2025년 4월_꽃들의 함성_김인녀 제8시집

한국시 현대시

*잘못된 책은 교환해 드립니다.
*저자와의 협의로 인지는 생략합니다.